AF562204

Mémoires

de

Xavier de Porto-Seguro

RECUEILLIS ET MIS EN ORDRE

PAR

HIPPOLYTE BUFFENOIR

DEUXIÈME ÉDITION

PARIS

BUREAUX DE LA *REVUE DE LA FRANCE MODERNE*

39, BOULEVARD DES CAPUCINES, 39

1896

Mémoires

de

Xavier de Porto-Seguro

Mémoires

de

Xavier de Porto-Seguro

RECUEILLIS ET MIS EN ORDRE

PAR

Hippolyte BUFFENOIR

PARIS

BUREAUX DE LA *REVUE DE LA FRANCE MODERNE*

39, BOULEVARD DES CAPUCINES, 39

—

1896

AVANT-PROPOS

L'AUTEUR *des Mémoires qu'on va lire était un jeune homme, né au Pérou, et nommé Xavier de Porto-Seguro... Il est mort récemment à l'âge de vingt-neuf ans. Son père fut ministre du Brésil à Vienne.*

Sa perte fut un grand deuil pour sa famille. Il était remarquablement doué au point de vue intellectuel et avait un heureux caractère. Parmi ses papiers, sa mère a trouvé ces pages, qu'elle a voulu publier, par affection pour sa mémoire, et avec la pensée de léguer ainsi un souvenir vivant de son fils à ceux qui l'ont connu.

Ces Mémoires d'un jeune étranger ont été écrits en langue française, et, sauf quelques changements de peu d'importance, nous en avons conservé la rédaction et la forme. Ils attestent un esprit fin et primesautier, de la justesse dans l'observation, de la bonne humeur, une sensibilité très développée, et un grand amour de l'indépendance. S'il eût vécu, Xavier de Porto-Seguro serait devenu un véritable écrivain, un poète, un romancier. Il a publié, d'ailleurs, en espagnol, un recueil de poésies pleines de grâce et de fraîcheur juvénile.

Il avait mis sa joie et son ambition dans la littérature. Celle-ci lui en témoigne sa reconnaissance en déposant sur sa tombe une branche de vert laurier, et en sauvant de l'oubli son jeune souvenir !

HIPPOLYTE BUFFENOIR.

Paris, Avril 1896.

XAVIER DE PORTO-SEGURO

Mémoires

de

Xavier de Porto-Seguro

Ces souvenirs n'ont pas le mérite d'émaner d'un personnage illustre. Ils ne renferment rien d'extraordinaire; c'est le simple et véridique récit de l'existence d'un enfant, et de quelques événements relatifs aux parents et aux amis qui l'entourent.

J'écris ces pages dans un double but, d'abord pour me procurer une distraction, ensuite pour exercer mon style en français : Je m'estimerai heureux, si je puis en même temps intéresser mes chers lecteurs.

I

PREMIÈRES ANNÉES.

Mon aïeul paternel, Frédéric-Louis-Guillaume de Varnhagen, était allemand, originaire de la petite principauté de Waldek, et cousin du célèbre Varnhagen von Ense, dont l'étroite amitié avec Humbolt et la vie littéraire aventureuse eurent tant de retentissement en Allemagne. C'était un homme de beaucoup de mérite. Il fut ingénieur en chef au service du

Portugal, et, dans la suite, fonda un établissement à Spanema, petite ville au sud du Brésil, pour l'extraction du fer.

On raconte que ce fut avec des larmes de joie qu'il salua le métal nouvellement fondu, qui coulait devant lui comme un ruisseau de feu, car il s'était donné beaucoup de peine pour obtenir ce résultat. L'usine est aujourd'hui la propriété du gouvernement brésilien, et elle n'a rien perdu de son importance.

Mon père, François-Adolphe de Varnhagen, naquit à Spanema. Il fit ses études dans un collège de Lisbonne, puis guerroya contre don Miguel de Portugal en faveur de Marie de la Gloire. Il obtint le titre d'ingénieur militaire et ne tarda pas à montrer du talent pour la critique et l'histoire. Il embrassa la carrière diplomatique : Par là, il eut ainsi et des moyens d'existence et des loisirs suffisants pour écrire une histoire du Brésil, ouvrage fort estimé. C'est un travail de longue haleine, qui absorba les meilleures années de sa vie.

Il se distingua aussi par ses écrits sur les voyages et les découvertes en Amérique. Etant ministre au Chili, il se maria avec Carmen Ovalle, ma mère. Mon père mourut à Vienne, avec le titre de ministre plénipotentiaire, à l'âge de soixante-trois ans. Quelques années avant sa mort, il avait reçu, de l'Empereur du Brésil, le titre de vicomte de Porto-Seguro, en récompense de ses nombreux services.

* * *

Comme je suis le héros de ces souvenirs, il faut que je commence par demander pardon à mes lecteurs de parler de moi.

Je suis né à Lima, en 1865. Etant le premier enfant de mes parents, ma naissance fut très fêtée. J'eus l'honneur d'être baptisé par l'évêque de cette capitale. Après une année de séjour au Pérou, mon père reçut l'ordre de changer de Légation, ce qui fit que je voyageai beaucoup, étant tout enfant. Je parcourus alors, dans les bras de ma nourrice, le Brésil, les Antilles et les États-Unis : J'allai même visiter le Niagara. Ma bonne, nommée Mauricia, et qui était Chilienne, me laissa une fois seul près de la fameuse cataracte. Ma mere vit le danger que je courais, car j'étais au bord d'un précipice : ce fut a une palpitante frayeur qu'elle me prit et m'emporta dans bras, en grondant la bonne.

Celle-ci répondit avec un calme imperturbable, bien di d'une Indienne : « Eh quoi ! Ne savez-vous pas que le Di protège les enfants ! » Cette femme était une nature sauva fille de la campagne, elle appartenait à cette race de bon gens qui croient aux revenants et aux âmes en peine, et chantent, dansent et boivent autour du cercueil fleuri d'un fant trépassé. Ils disent : « Pourquoi pleurer ce petit ange, est maintenant heureux au ciel ! »

J'eus une sœur, vive, bonne, jolie et frêle; cette charm petite créature ne fit que toucher la terre. Elle savait l'italien, lorsqu'elle mourut, à l'âge de trois ans, emportée une violente fièvre scarlatine. Elle s'appelait Marie. Elle née à Rio-de-Janeiro. Elle avait eu pour parrain l'Empereur Brésil, et pour marraine l'Impératrice. Ils voulurent la t eux-mêmes sur les fonts baptismaux, au palais de San-C tobal.

Nous séjournâmes à Vienne. J'étais, en ce temps, un en gâté, de ceux qui demandent la lune et à qui on voudrai donner. Ce qui me chagrinait davantage, c'était de ne p avoir de compagnon de jeu. On m'apportait bien des jouet toute sorte, lanternes magiques, chevaux de bois, soldats plomb, mais tout cela ne dissipait point mon ennui. J'é déjà sociable, je voulais un ami, un petit garçon pour jouer lui. Une fois que j'entendis parler de l'Enfant Jésus, je den dai à grands cris à le voir.

En 1869, j'eus un frère, qui fut appelé Louis. Quoique quatre ans plus jeune que moi, il fut bientôt mon compag inséparable dans les jeux et l'étude, ce qui fait que nous av suivi une vie presque égale. Louis était un enfant charm Rouge, gros et joufflu, il offrait un contraste avec moi qui é chétif, pâle et petit pour mon âge, puisque, à huit ans, je n'é guère plus grand que mon frère.

Louis était un enfant partout sympathique, aimé des da de nos connaissances : Lorsqu'elles le rencontraient dans la elles lui prodiguaient toujours beaucoup de caresses.

J'ai une mémoire assez bonne, puisque je me souviens

nombreux détails de ce temps, qui paraissent fort insignifiants, tant il est vrai que les plus petites choses prennent une grande importance aux yeux de l'enfance. Comment oublier, par exemple, mon habit vert chamarré d'or, avec un sabre qui me gonflait de vanité, et mon paletot blanc et fourré en rouge, avec lequel j'allais dans les rues de Vienne remplies de neige?

Et la boîte rouge renfermant des lettres en chocolat, avec lesquelles j'appris à lire! Aussitôt que je pouvais désigner une lettre sur un journal, ou ailleurs, je courais près de mon père, qui me présentait la boîte, et si je reconnaissais la lettre en question, j'avais le droit de la manger. La lettre O fut la première croquée.

J'ai présent à l'esprit le souvenir de toutes les gouvernantes et bonnes de la maison : Mais il serait oiseux de parler de chacune d'elles. Je n'en citerai que deux, Claudia Strömerweger, et Mademoiselle Baudonnat, qui m'enseigna le français, et à qui je dédie ces Mémoires.

Claudia, très bonne femme, était italienne, fille d'un employé allemand du duc de Modène. Mademoiselle Baudonnat était française. Nous l'appelions simplement Mademoiselle. C'était une personne dévouée, franche et vive; quoique âgée, elle était pleine d'entrain et d'énergie. Elle était d'Auvergne, mais comme elle avait vécu longtemps à Paris, son accent français était très bon. Elle eut toutes sortes de bontés pour Louis et pour moi. Quand il pleuvait, quand il faisait froid, elle nous couvrait de son grand manteau, et, quoiqu'elle fût fort pieuse, elle nous obligeait à garder, à l'église, notre chapeau sur la tête, au grand scandale de tous les assistants. Mais elle nous disait simplement : « Dieu ne veut pas qu'on s'enrhume! »

Nous fréquentions beaucoup les églises en sa compagnie, et nous assistions aux processions. Je lisais la Bible avec Mademoiselle, et elle me contait, le soir, la vie du bon Pasteur. Elle m'apprit quelques vers et quelques fables de La Fontaine, qui me coûtèrent beaucoup de peine, ainsi que les quatre opérations de l'arithmétique.

Nous allions parfois à Schœnbrunn voir les animaux, ou donner du pain aux oiseaux et aux canards; nous regardions les guignols du Prater de Vienne, paradis des enfants. Quelle joie de monter sur un cheval ou dans une voiture de carrousel, de se regarder dans les miroirs qui reflètent votre figure en caricature, d'assister à l'exhibition de nains et de géants, d'examiner des puces qui traînent des voitures minuscules, de montrer sa main à des chiromanciens à barbe blanche et à mitre d'or, qui, en consultant les lignes, peuvent connaître la durée de la vie, l'état de la lune qui a présidé à notre naissance, et mille choses encore !

Quel bonheur de voir, pour dix kreutzers, à travers des vitrés optiques, les monuments du monde entier !

On rentrait à la maison, ayant à la main un ballon rouge qu'on crevait infailliblement le soir.

Un des grands jours en Allemagne et en Autriche, c'est la veille de Noël : on sort d'une chambre obscure, puis on entre dans une pièce où un sapin éblouissant s'élève jusqu'au plafond, radieux, chargé de bougies aux couleurs différentes, de noix d'or, de fruits et de sucreries transparentes, pleines de douces liqueurs, et suspendues à un fil. Les joujoux sont rangés au pied de l'arbre, tambours, fusils, trompettes, que sais-je? Ce n'est pas seulement le visage des enfants, qui s'épanouit, et qui indique leur joie, exprimée aussi par des exclamations bruyantes; ce sont de plus les domestiques de la maison qui reçoivent leurs étrennes, et les pères et les mères heureux de voir la gaîté sur toutes les figures.

Pendant quelques années, nous allâmes passer la veillée de Noël avec les enfants du baron De Vaux, qui célébraient cette fête avec beaucoup plus d'apparat que nous.

Étant enfant, j'appris différentes langues. Mon père parlait le portugais, ma mère parlait l'espagnol, la femme de chambre parlait l'italien, et mademoiselle Baudonnat le français. Avec les autres domestiques, je parlais l'allemand. Cette Babel linguistique fit que mon frère apprit à parler fort tard. J'avais encore pour maitresse d'anglais une vieille femme, qui s'appelait Madame Lane. Elle avait les cheveux blancs, et l'air majestueux d'une reine. Elle avait dû être fort belle dans sa jeunesse; elle avait le défaut d'aimer la boisson. Un jour, elle rentra en poussant de grands éclats de rire, et tomba à terre, tout à fait ivre. Elle prenait du tabac à priser. Je crois l'entendre encore quand elle demandait plusieurs fois de suite, en criant de sa voix enrouée : *Give me a pinch of snuff*. Elle avait de continuelles querelles avec son beau-fils, qui, quoique riche, la laissait dans la misère. Pauvre femme! et moi qui la taquinais toujours!...

Elle avait peur des éclairs; les jours d'orage, je me faisais un cruel amusement de la conduire sur le balcon, et quand je voyais sa frayeur, et entendais ses *Oh my God*, je riais aux éclats. Une fois, je lui donnai trois ou quatre piments de Cayenne, en lui disant que c'était des fruits du Brésil. Vous jugez de la colère qu'elle ressentit contre moi, quand elle les eût mis dans sa bouche.

J'étais du reste un mauvais garnement, je mentais même souvent, mais mon père sut me faire perdre cette mauvaise habitude: Quand il voyait que j'allais parler de quelque chose d'invraisemblable, il me disait: « Ta tête fume », et il me faisait croire que c'était par là qu'on reconnaissait l'évidence du mensonge. J'avais de ce signe extérieur une peur si affreuse que ce stratagème me fut très utile.

Le plaisir le plus grand pour les enfants, comme d'ailleurs pour beaucoup de grandes personnes, consiste dans les cadeaux. Un brésilien me donna une montre d'or : j'avais un tel désir de lui témoigner ma reconnaissance, que je ne savais quoi imaginer. Enfin, je courus à la salle à manger, et j'apportai une grosse poire à mon bienfaiteur. Cette simplicité n'avait pour cause que mon ignorance, je ne connaissais pas au juste la véritable valeur de l'or.

Un aimable Chilien, nommé M. Rubio, me donna un jour un fusil, mais avant de me le remettre, il crut me procurer du plaisir, en faisant partir les détonations : or celles-ci m'effrayèrent toujours, lorsque j'étais enfant. Je fis beaucoup rire M. Rubio; car deux sentiments contraires m'animaient : d'un côté, le désir de posséder le fusil, de l'autre, la frayeur d'en entendre le bruit. Cette peur des détonations était si grande, que je ne pouvais aller ni au cirque, ni au théâtre. Mon père ayant voulu me forcer une fois à entendre des coups de fusil, une fièvre en fut la conséquence.

M. Robilant, ministre d'Italie, qui joua plus tard un rôle si important dans la politique de son pays, disait à mon père : « N'ayez point de souci : quand j'étais enfant, j'avais les mêmes frayeurs, mais depuis j'ai été soldat, et j'ai fait la guerre, le bras qui me manque indique que mon caractère a changé... »

M. Robilant était un ami de mon père, d'autres personnes encore venaient à la maison : le comte et la comtesse de San-Miguel, du corps diplomatique. Il est maintenant ministre de Portugal à Saint-Pétersbourg. La comtesse était une jeune femme de beaucoup d'esprit, un peu portée à la raillerie malicieuse, mais sans le désir d'offenser personne. Je citerai encore la baronne Thinnen, dont le mari était ministre de Brunswick, à Vienne; c'était une personne pleine d'intelligence et d'entrain. Ajoutons quelques étudiants en médecine brésiliens. A ce qu'on disait, ils avaient pour leurs études un talent exceptionnel, notamment un jeune homme nommé Machado, qui eut une fin tragique. Il avait une passion pour une jeune autrichienne, il lui écrivit de Londres une lettre où il lui déclarait son amour. Il écrivit en même temps à un de ses amis, en lui disant que si elle ne lui répondait pas, ce serait un signe d'éloignement et de refus. La réponse qui fut faite était favorable, mais, hélas! elle arriva trop tard, le malheureux Machado, se croyant dédaigné, s'était brûlé la cervelle.

Beaucoup de Brésiliens vinrent à Vienne, au moment de l'Exposition, entre autres M. Porto-Alégre, parrain de Louis. C'était un homme petit, très brun, gros, ayant des moustaches en brosse, et une barbe blanche qui lui donnait un air de ressemblance avec Victor Hugo. C'était un des premiers poètes du Brésil. Le soir, il nous récitait son long poème épique intitulé *Colombo*. Il déclamait avec beaucoup d'emphase, et il éprouvait un grand plaisir en entendant les bravos mérités qu'on lui décernait. Il était spirite, il croyait avoir été indien dans une vie précédente; en le regardant, on ne pouvait s'empêcher de sourire, car, dans sa physionomie, il avait une ressemblance frappante avec les habitants originaires d'Amérique.

Comme mon père était ministre, il y avait chez lui beaucoup de fêtes et de grands diners, mais j'étais trop bambin pour être admis dans les salons. Je ne pouvais être que spectateur des préparatifs et du mouvement de la maison, du va-et-vient des nombreux domestiques vêtus de noir. J'étais néanmoins très heureux ces jours-là, car j'avais ma part des glaces, des sorbets et des sucreries, choses qui avaient surtout de l'importance à mes yeux. Je connaissais cependant les noms illustres des invités, parmi lesquels se trouvaient Salvini, le prince de Cobourg, l'empereur du Brésil, Strauss, Rossi, et d'autres encore.

Dans ces grandes occasions, notre portier, remarquable entre tous les concierges par son air fier et son grand nez enflé et rouge, revêtait un bel habit brodé d'or et un superbe chapeau à deux pointes; il tenait à la main une canne surmontée d'un globe doré, et pareille à celle des tambours-majors.

***

J'étais très paresseux, et je n'apprenais qu'à force d'avoir des maîtres. Une demoiselle hanovrienne et deux prêtres furent successivement mes professeurs. La première était une femme raide, très sévère. M. Moser, un des prêtres, m'enseignait la mythologie, l'histoire de Jason et de Médée, etc. Le troisième, M. Bergmann, jésuite, me faisait prier à genoux avant de commencer la classe : c'était un petit homme frêle, à l'air béat, avec une voix très faible. Il commença à m'enseigner le latin.

Je fus sur le point d'avoir pour professeur un gros monsieur, anglais d'origine, nommé Brown. Il voulait se charger de toute mon éducation : il disait gravement à mon père : « Je vais enseigner à votre fils la musique, l'anglais, l'allemand, le latin, le grec, les mathématiques... » Il demandait, bien entendu, des gages considérables. On ne l'accepta point, car il avait l'air d'être ce qu'on appelle un farceur.

Je passais presque toute l'année à la ville; mais, aux mois chauds de l'été, nous allions à Rekawinkl, ou à la Brühl, très belle campagne, près de Vienne. Là, nous logions dans un chalet fort coquet, situé au sommet d'une colline, la Grillen-Villa. C'est là que le prince des Asturies, plus tard Alphonse XII, vint nous faire une visite, qui dura toute une journée. Dans l'après-midi, Son Altesse s'amusait avec mon père à jouer à un jeu connu sous le nom de jeu de la forteresse. Le prince perdait presque toujours, ce qui le rendait triste, car il était superstitieux, et il pensait que lorsqu'il serait roi, le sort lui serait défavorable. Je connaissais bien ce jeu, et, quoique gamin, je lui donnais des conseils qui furent bons, puisqu'il put gagner une partie.

Alors il m'embrassa, et me dit : « Quand je serai roi, tu seras mon général. » Le pauvre prince mourut, et ne put tenir sa parole.

Une fois, maman et moi, nous fimes une excursion en Moravie : nous étions invités au château de Frain, chez la comtesse Mniszek. Je n'avais rien vu encore d'aussi beau que ce château, avec des tours, des ponts-levis, et trois cours, une entrée magnifique avec des lions de pierre, une église superbe, le tout sur une montagne ; en bas, une rivière sinueuse coule entre les prés verts. C'est l'empereur Ferdinand d'Allemagne qui a fait construire ce séjour pour une de ses favorites.

Je me suis beaucoup amusé dans ce château avec des enfants de mon âge. Un jour, on nous habilla tous avec des costumes antiques ; j'étais vêtu d'un grand manteau écarlate traînant à terre, j'avais sur la tête une couronne de papier doré, et un sceptre à la main : je parcourus ainsi toutes les vastes chambres du superbe édifice. On me fêta là d'une façon extraordinaire ; on riait beaucoup, quand, à la demande générale, je me mettais à danser. A Vienne, j'avais un peu appris cet art chez une vieille française, ancienne danseuse, qui tenait une classe pour les enfants.

Plus tard, je fréquentai aussi une salle de gymnastique, et comme je portais une toque rouge carliste, mes compagnons m'appelaient le petit chaperon rouge, en souvenir du conte si connu de tous les enfants.

J'aimais beaucoup les contes, j'étais en extase, quand on me lisait *Peau d'Ane* et *Riquet à la Houppe*, *Rose de Tannbourg*, etc. J'aimais aussi acheter des couleurs, pour illuminer les personnages des gravures. Aussi, plus tard, quand j'ai lu Schiller, je connaissais déjà tous ses héros de nom et de costume. Une de mes joies les plus grandes, c'était d'aller au théâtre, pourvu qu'il n'y eut point de coups de fusil. J'étais ravi et transporté, quand on m'annonçait la bonne nouvelle, surtout s'il s'agissait d'aller à l'Opéra de Vienne, je comptais les minutes avant de sortir de la maison ; ce qui me plaisait surtout, c'était la mise en scène et les ballets, Fantasca, Elinor, Flick et Flock surtout.

II

MES ANNÉES DE COLLÈGE.

Les graves études vont commencer. Adieu, Mademoiselle Baudonnat ! Adieu, les grandes messes chantées où nous allions ! Adieu, nos promenades variées ! Adieu, l'heureux temps où des discussions comiques égayaient la maison ! Mademoiselle Baudonnat préférait toujours les églises des Dominicains, Claudia aimait mieux aller chez les pères Jésuites.

Mademoiselle s'était mis dans la tête que Claudia n'était point sincère et que son air soumis était faux. Elle lui cria une fois : « Vous êtes une jésuite », voulant dire hypocrite. L'autre, croyant qu'il s'agissait de ses préférences pour cet ordre, lui répondit : « Et vous, vous êtes une dominicaine ! »

Comment ne point se rappeler encore ce jour où nous étions au *Prater*, devant un édifice destiné aux vélocipédistes ? Mademoiselle me prit par la main, me secoua et me dit d'une voix ferme et d'un ton dramatique : « Souviens-toi, souviens-toi, Xavier, et pour toute ta vie, de ce que je te dis devant ces vélocipèdes : Claudia est une hypocrite. » Et une rage d'indignation allumait ses yeux, et contractait sa bouche, et c'est en vain que je cherchais à l'apaiser.

La vie gâtée de la maison va finir, il faut entrer au Thérésianum, et devenir un prisonnier. Je dois rendre justice à ce collège, il est magnifique ; on sait qu'il a été fondé par Marie-Thérèse. Il y a là des classes de danse, de dessin, d'escrime, d'équitation, de natation ; on y apprend beaucoup de latin et de grec, peut-être trop.

Ce fut pour moi un collège dur. Je crois qu'il y a des natures auxquelles conviennent le régime et la discipline sévères ; pour moi, je ne fis que souffrir pendant les trois années que je passai dans cet établissement. Pour un détail, pour un mot latin, que de tracas ! Je tremblais littéralement de peur, et comme je ne savais pas très bien l'allemand, les réprimandes dans cette langue me faisaient trois fois plus d'impression, et au lieu de m'encourager à l'étude, m'en faisaient maudire les débuts. Je n'ai que très peu appris au Thérésianum, j'y devins plus concentré, et j'y acquis peut-être un peu plus de caractère.

Avec quelle joie je suis sorti de cette école! A la fin, j'étais devenu fort triste, et je maigrissais visiblement; je me rappelle quelques punitions qui me semblaient imméritées... mais on oublie facilement les mauvais jours de la vie, je n'ai plus de rancune maintenant, mais j'avoue que, dans ce temps-là, je ne souhaitais rien d'heureux aux professeurs qui, il faut cependant en convenir, étaient justes quoique sévères. Il y avait de ma faute, car j'étais paresseux, excepté pour la géographie que j'aimais beaucoup. Je cherchais à faire pardonner ma paressé par une conduite irréprochable, qui n'avait pour origine que la peur.

J'avais beaucoup d'égards pour un préfet des études, nommé M. Stenzl, que j'ai revu dernièrement. J'ai éprouvé un véritable plaisir, en apprenant qu'il occupait le second poste du Thérésianum, avec le titre de conseiller impérial.

J'eus aussi quelques jeunes amis, notamment le petit comte Georges de Schönfeld, gros garçon, à la figure joyeuse, qui avait toujours bon appétit... A ce propos, je rappellerai que tous les jours, à dix heures, on m'apportait un beefsteak très succulent, mes camarades me regardaient le manger avec envie; Georges, en qualité de mon meilleur ami, avait le privilège de tremper trois fois son pain dans la sauce. C'est en riant que nous nous sommes rappelé dernièrement tous ces détails. Maintenant, il porte le titre de comte de Schönfeld, il est lieutenant autrichien, et a épousé une demoiselle fort riche. Un garçon, appelé Emmanuel de Diemer, était aussi un de mes intimes.

En 1877, le Thérésianum reçut la visite de l'empereur du Brésil. Celui-ci passa dans notre classe, accompagné par sa suite. On nous interrogea en sa présence, et moi je fus le dernier désigné pour montrer mes connaissances en latin. Tout le monde répondit fort bien, car on eut soin de poser des questions faciles, que nous connaissions auparavant.

Nous passions nos vacances à Gresten, au château de Stiebar, appartenant à une aimable autrichienne, très intelligente, amie de Maman, la baronne de Knorr, fort connue en Autriche par ses beaux vers et ses recueils de poésies.

Nous nous amusions beaucoup dans ce château; il y avait des tableaux vivants, des charades et des jeux, auxquels prenaient part la comtesse de Messey, sa fille et ses fils, M. de Raab, la comtesse Giorgi, une italienne d'Autriche, une jolie demoiselle très enjouée, et d'autres encore.

Nous avions pour professeur M. Kutny. On ne savait pas s'il était prètre ou non, et c'était une grande question au château. Il était d'ailleurs très empressé auprès des dames. Le jour de la fête de la comtesse Giorgi, il mit son prénom, Magdalena, composé avec des roses, sur la porte de sa chambre à coucher. Une autre fois, il envoya un bouquet de fleurs à Aline de M..., qui était au couvent. Celle-ci ne parut pas très flattée du cadeau, car elle s'écria en le recevant : « Quel âne! »

On raconte beaucoup de traits d'esprit de cette jeune comtesse. A propos d'une dame très forte qui s'appelait l'enfant de Marie, parce qu'elle faisait partie d'une congrégation de ce nom, elle disait fort à propos : « C'est l'éléphant de Marie! »

La seconde année, nous avions pour professeur un monsieur ayant l'air d'un coq très droit; il parlait du nez, mais, comme il avait un caractère doux, et comme il nous faisait peu étudier, il nous charmait.

Il y eut aussi, cette année-là, au château, une vieille comtesse, au type voltairien, qui s'appelait Parry. Elle représentait l'ancienne Hongrie. C'était une femme fort aigrie par l'âge, et il était difficile de vivre avec elle. Quelquefois cependant, elle savait être aimable. Nous avons connu là aussi M. Yamanoutchi, secrétaire japonais, qui était fort amusant. La première fois que je le vis boire du thé, et montrer ses dents, il me fit l'effet d'être en bois. C'était un esprit original. Un jour que nous nous promenions, lui, mon frère et moi, dans ces campagnes qui sont très belles et très vertes, et qu'il pleuvait beaucoup, je lui demandai que dirait Dieu s'il nous voyait abrités sous des parapluies. Le japonais répondit : « Il dirait que ce sont trois petits champignons. »

Ce fut vers ce temps-là, que survint un événement fort rare en Autriche. Nous étions à table, et nous mangions tranquillement le plat national, quand tout-à-coup une secousse épouvantable se fit entendre. C'était un tremblement de terre. La frayeur allait en augmentant, et chacun disait : C'est la même chose que si un lion d'Afrique s'était échappé du désert, pour venir ravager ces contrées.

*
* *

A la fin de notre deuxième année de collège, mon père eut la malheureuse idée de faire un voyage au Brésil. Ce voyage fut la cause de sa mort. Il resta six mois absent, et revint avec une maladie au poumon.

Les médecins, qui désespéraient probablement de le guérir, l'envoyèrent en Italie. Maman et moi, nous voulûmes l'accompagner. Comme je ne me rendais pas compte de son état, je n'étais point attristé. Nous allâmes d'abord à Gorice où nous demeurâmes une quinzaine de jours. Il nous arriva d'assister à un carnaval qui était très mouvementé, beaucoup étaient vêtus d'un costume de fantaisie; sur la place principale, des dames se promenaient en voiture, et jetaient des dragées et des fleurs. On entendait de la musique, et on voyait passer des chariots pleins d'arlequins, qui faisaient des gestes et des gambades comme des singes.

Nous sommes allés ensuite à Trieste. Madame la baronne de Morpurgo, femme du consul de Trieste, se montra très aimable. Elle m'invita à dîner, me promena en voiture, et nous conduisit, maman et moi, au château de l'infortuné Maximilien, à Miramar.

Nous vîmes ensuite la belle Venise, si vantée des poètes. Installés à l'hôtel Daniel, nous nous promenions le soir sur la place Saint-Marc. Nous prenions une gondole, nous passions sous le pont des Soupirs... Nous fîmes dans trois jours ce que font presque tous les voyageurs.

Bologne est une grande ville triste, elle ne me plut pas beaucoup. Cependant, elle a un cachet d'originalité, avec ses longues et sombres arcades, qui, par leur multiplicité, deviennent ennuyeuses. Le marché me sembla gai. C'était peut-être parce que j'étais peu habitué à voir autant de fruits de toute sorte.

Je visitai Rimini, et Ravenne où se trouve le tombeau de Théodoric, puis Ancône qui porte ce nom parce que le port de l'Adriatique ressemble à un fer à cheval.

Nous vîmes aussi Florence, Pise et Lucques. Nous restâmes trois jours dans la patrie de Machiavel, de Dante, de Michel-Ange. Nous ne vîmes pas beaucoup les monuments de ces villes, car la santé de mon père empirait. Un soir, nous allâmes au théâtre, et nous vîmes jouer la *Dame aux Camélias*. Mon père pleura comme tout le monde, au dernier acte. Moi, je ne ressentis pas la même impression, probablement parce que je ne comprenais pas encore la situation de l'infortunée Marguerite.

*
* *

Comme la santé de mon père était de plus en plus compromise, nous retournâmes à Vienne; il était presque mourant. Les médecins déclaraient qu'il était atteint d'une anémie, compliquée d'autres maladies. Nous ne soupçonnions pas dans quel état grave il se trouvait, tant il est vrai qu'on ne veut pas se convaincre des maladies des personnes qui nous sont chères.

Je dus retourner au Thérésianum. J'eus alors un professeur à part, qui me grondait beaucoup. C'était un homme fort méticuleux, et qui m'était antipathique.

Ce fut vers ce temps que mes deux oncles d'Amérique vinrent nous voir, Ruperto et Xavier. Ce fut une grande joie pour nous. Chaque jour nous sortions, nous étions des neveux gâtés, on nous menait au théâtre, nous vîmes *Hamlet*. Nous dînions tous les jours chez Sacher, le restaurant le plus cher de Vienne, ce qui donnait à mes camarades une haute opinion de la fortune de mes oncles. Du reste, nous retournions au collège, chargés de pâtisseries, dont nous faisions la distribution.

Malheureusement l'état de mon père était de plus en plus critique. On lui conseilla d'aller prendre des bains sulfureux à Baden, ville près de Vienne. Il en ressentit quelque effet, car alors il dormit beaucoup. Ce n'était qu'un léger soulagement à ses infirmités, il succomba peu de temps après, à la suite d'une opération douloureuse complètement inutile.

Je passe sous silence les scènes de douleur de ces moments.

Je ne rappellerai que celle où notre bon oncle Ruperto nous embrassa, en nous disant : « Vous avez eu le malheur de perdre votre père, mais vous avez le bonheur d'avoir trouvé un oncle qui le remplacera. » Ce fut ainsi qu'il nous accueillit, puis il nous adopta ; nous lui devons donc une grande reconnaissance.

L'enterrement de mon père se fit à la cathédrale Saint-Étienne, avec une pompe impériale. Une foule immense y prit part. Le nonce et tout le corps diplomatique de Vienne assistèrent à ses funérailles. Nous fîmes ensuite nos adieux à la ville de Vienne, et il fut décidé que nous irions à Paris, puis à Londres, après quoi nous devions nous rendre dans notre patrie, le Chili.

III

A PARIS.

Après avoir parcouru et admiré Paris à notre aise, pendant quelque temps, monuments, rues, avenues, opéra, et toutes les merveilles de la reine des villes, on crut utile de nous envoyer au collège pour nous perfectionner dans la langue française. On nous plaça à Sainte-Barbe des Champs, à Fontenay-aux-Roses ; quelques collégiens gouailleurs appelaient l'institution *sale barbe.*

Aussitôt que nous arrivâmes, on nous fêta, on dit hautement en nous recevant : « Quelles sont ces deux sales têtes-là ! »

J'étais un peu étonné de cette singulière politesse, mais nous étions des nouveaux, et il faut passer par là.

Le caractère gai des garçons français nous faisait oublier la pauvreté du régime des classes, et le peu de respect qu'inspirent les *pions*, car c'est ainsi qu'on appelle les préfets. Nous pûmes jouer aux billes, aux barres, pendant presque toute la journée, parce que nous étions entrés au moment des vacances. Nous allions ensuite au réfectoire, le dîner était fort mal servi, et il était très mauvais. Le vendredi, on nous donnait de la panade, et le samedi, avant de partir, on nous servait comme régal un morceau de tarte aux cerises. Ce qui ne manquait pas, c'était l'eau de coco, faite avec de la réglisse. On nous servait cette eau (ce qui est pire que tout) dans une même tasse de fer blanc pour tout le monde.

Nous avions des compagnons de toutes les nations, des Brésiliens, des Russes, puis deux Américains du nord. Ils ne faisaient que siffler toute la journée; la première fois qu'ils entrèrent dans les cours, ils pénétrèrent aussi dans le jardin et se mirent à voler des pommes, à la stupéfaction de messieurs les pions qui les appelaient singes et sauvages américains. Ceux-ci ne savaient pas un mot de français, ils disaient seulement *monchire*. Ils avaient le type Yankee, ils allaient et venaient avec un canif à la main, et ne faisaient que tailler les chaises et les bancs.

Je connaissais un peu l'anglais que j'avais appris avec M. Lane. Ils commencèrent à me parler dans leur langue, ils se souvenaient de leur collège en Amérique, qui était meilleur et dix fois plus grand.

L'aîné avait un caractère reposé, il aimait à lire les auteurs anglais, le second haïssait toute culture intellectuelle et par dessus tout la langue française. Quelquefois ils se chamaillaient entre eux, le cadet remportait presque toujours la victoire. Ils avaient conquis l'estime de leurs camarades par leur générosité et par la rudesse de leurs coups de poings.

De mon côté, j'étais aussi considéré, parce que je n'étais pas *chien*. On appelle *chien*, à Sainte-Barbe, celui qui mange les friandises seul, sans les partager avec ses camarades. Je n'ai jamais eu de la force, on ne me taquinait pas, car j'étais parmi les protégés, et les muscles solides de quelques-uns de mes amis m'auraient défendu. On ne me punissait presque pas, j'étais accoutumé à la sévérité du Thérésianum, et on me considérait comme un élève modèle. M. Mari disait à haute voix, en nasillant: « Si tous les garçons étaient comme les Porto-Seguro, il n'y aurait pas beaucoup à faire ».

J'avais acquis l'estime des maîtres par un moyen tout spécial. Un lundi, j'apportai de la maison du bon tabac brésilien. J'eus soin de faire vingt-cinq petits carnets de papier, et je les distribuai à toute la classe. Tout à coup, dans le silence, on entend des éternuements, alors le maître d'études se lève, et dit, tout fâché : « Qu'avez-vous à éternuer ainsi ? » Plusieurs de mes camarades s'écrient : « C'est Porto-Seguro qui nous a donné du tabac. » J'avais peur de la tempête, mais le pion m'appelle, et me confisque le tabac qui me restait. J'étais heureux d'être absous si facilement. Le samedi soir, la veille de notre sortie pour Paris, j'étais déjà endormi dans mon lit, quand je sentis une main froide me réveiller. C'était le maître d'études qui me dit à l'oreille : « Tu n'oublieras pas d'apporter du tabac, demain, n'est-ce pas ? » Je lui en fis la promesse, et, à ma rentrée, je lui remis le tabac désiré, et ainsi toutes les semaines. Personne alors ne fut plus considéré que moi, jamais je n'étais puni, et on me décerna tous les prix. Mes compagnons n'étaient point jaloux, car j'étais bon ami avec tous. Mais on fit une observation très juste : Porto-Seguro gagne les prix, et pourtant il n'est pas malin ; mais il apporte du tabac aux professeurs !...

Je fus aussi invité aux dîners des premiers élèves, on nous donna du champagne et des glaces... Ce collège de Sainte-Barbe est plutôt destiné pour préparer au commerce, que pour donner une éducation choisie.

A nos jours de sortie, mon oncle Ruperto nous emmenait presque toujours au Théâtre-Français. Nous vîmes le *Gendre de Monsieur Poirier*, le *Médecin malgré lui*, l'*Avare*, et nous nous divertissions fort devant le talent comique de Got et des frères Coquelin.

Le *Gendre de Monsieur Poirier* surtout me plaisait, je savais par cœur presque toute la pièce. J'avais déjà des notions en littérature, j'avais lu Schiller. Les *Bandits* sont la première pièce que j'avais lue : j'avais alors treize ans, et je pleurai d'émotion. J'avais lu ensuite *Marie Stuart* et *Jeanne d'Arc*. Mes compagnons de collège se montraient vexés de me voir lire et comprendre l'allemand.

Je restai six mois à Sainte-Barbe, après quoi il fut décidé que j'irais à Londres pour apprendre l'anglais. On recueillit de nombreuses informations et nous fîmes le voyage sur le canal de la Manche, ne sachant pas quelle serait notre destinée.

IV

EN ANGLETERRE.

Presqu'aussitôt arrivés, on recommanda à mes parents un collège anglais et catholique, Kensington-School, appartenant à Monseigneur Capel, évêque. Nous allâmes chez lui, on nous fit entrer dans un grand salon, au milieu duquel était son buste. Quelques moments après, il se présenta, sa figure respectable et belle nous imposa le respect.

Ce fut avec une frayeur sans pareille que j'appris la méthode de l'établissement. Il nous dit : « On se lève de très bonne heure, on étudie, pendant presque toute la journée, le latin, le grec, la géographie et d'autres sciences... » Je devenais de plus en plus pâle à mesure qu'il faisait cette énumération, et je me retenais pour ne pas pleurer. En sortant, je donnai un libre cours à mes larmes. Il me semblait que j'allais entrer dans un Thérésianum trois fois plus sévère que celui de Vienne, sans compter que j'étais loin de mes parents, sur une terre étrangère.

Cependant, mon oncle était très heureux d'avoir trouvé un aussi magnifique collège.

Deux jours après, nous étions installés. Quelle différence avec ce que je m'étais imaginé! La section où nous nous trouvions, était gouvernée par un petit prêtre d'un excellent caractère, qui fut aimé par nous dès le début. Le diner était très bon, on nous servait à merveille. Une politesse exquise était obligatoire entre les élèves. A chaque instant, il fallait dire *thanks et please*, et d'autres mots obligeants. On nous servait tous les jours du très bon roastbeef et, à discrétion, des tartes de fruits, les fameuses pies anglaises, et le plum-pudding national, du pale-ale, du porter et du fromage. Quant aux études, elles étaient faciles et légères. Il ne fallait pas beaucoup d'efforts pour se distinguer entre les élèves de ce collège, fameux boxeurs, mais dont le développement intellectuel n'est point en rapport avec le développement physique.

Nous eûmes bientôt un joyeux compagnon, qui arriva de France peu de temps après nous. Il s'appelait Henri Demesmay; c'était un garçon plein de sympathie et d'intelligence, heureux de se moquer de toutes ces *brutes anglaises*, comme il les appelait. Nous fûmes bientôt des amis inséparables, et comme nous parlions français, on nous appelait les *french frogs*, et on avait en conséquence un peu de mépris pour nous, car nous n'avions pas le bonheur d'être anglais. Nous étions loin d'être de ces garçons robustes, qui préfèrent briller par les coups de poing plutôt que par les sciences, habiles au croquet, foot-balls et aux courses à pieds.

Les professeurs même semblent encourager les exercices physiques plutôt que le savoir, car, à la fin de l'année, on distribue des coupes d'argent à ceux qui courent le mieux et des livres seulement à ceux qui se distinguent dans la sphère de l'intelligence. Tout contribuait, dans ce collège, à faire de l'enfant un brave et solide animal; nager, patiner, sauter, telles étaient les principales occupations. Nous allions patiner sur un lac glacé près de Londres. C'était un spectacle curieux que de voir dans la nuit des milliers de flambeaux qui s'agitaient çà et là.

Comme nous étions fort inhabiles à cet exercice, nous ne voulions point, mon frère et moi, nous hasarder sur la glace avec des patins récemment achetés. M. Maden alors nous prit chacun par la main, et nous mena au milieu du lac qui était tout à fait solitaire; ils nous laissa seuls, à notre grande terreur. Nous ne savions que faire, car, à chaque glissade, nous tombions sur la glace, en ayant une figure dépitée. Alors mon frère Louis, quoique plus jeune que moi, eut une idée lumineuse qui fut acceptée sur-le-champ, ce fut d'ôter nos patins et de nous traîner à quatre pattes jusqu'au rivage. Nous eussions poursuivi notre plan, dans cette héroïque position, si un brave anglais ne fut venu à notre secours.

Un des avantages indiscutables de cette éducation, est sans doute le *self-government*.

A Londres, nous n'étions plus des enfants conduits par leur bonne. Nous parcourions librement les rues de cette grande ville, nous allions en bateau sur la Tamise, jusqu'à la Cité, et là nous mangions quelques bonnes oranges. Nous étions de vrais gamins des rues, nous frappions à différentes portes, et nous demandions si M. Porto-Seguro n'était pas à la maison. On nous fermait la porte au nez, en grognant, et, quelquefois, on nous menaçait de nous donner des coups. Nous ne tardâmes pas à abandonner ces enfantillages de mauvais goût.

J'eus un jour la brillante idée de vouloir aller à Paris avec mon frère Louis et Henri Demesmay, mais comment faire? Nous n'avions pas d'argent. Nous possédions, il est vrai, une montre d'or, mais il fallait la vendre. Nous commençâmes à courir les rues et à entrer chez les joailliers qui nous regardaient étrangement, des pieds à la tête, et nous prenaient sûrement pour des voleurs. Je fis part de mes soupçons à Demesmay, et il convint que j'avais raison. Alors, me dit-il, il faut dissiper ces doutes, il faut dire que nous sommes de petits domestiques, et que nous sommes très pauvres, obligés de vendre la montre de nos parents...

Quand Demesmay commença à donner ces explications à un bijoutier, en parlant anglais avec un accent français, je ne pus m'empêcher d'éclater de rire, ce qui gâta l'affaire; comme il était l'heure de rentrer, la montre ne fut point vendue. Tous les dimanches, nous allions avec M. Maden et d'autres compagnons, dans les lieux d'amusements de la ville.

Nous restâmes environ six mois à Londres. Un jour, selon la coutume anglaise, on me fit boxer avec un camarade de ma taille, il me mit l'œil en compote. Demesmay, dans le même exercice, eut à faire avec un nommé Franklin, qui avait à peu près la même taille et le même âge. La querelle intéressait tous les Anglais, et flattait l'amour-propre national, car Franklin était déjà vainqueur. D'une main il retenait celle de Demesmay, et de l'autre il lui assénait des coups de poing. Alors, Demesmay, lui, au grand scandale de tous, et contre toutes les règles, mordit le nez de Franklin.

Il y eut une indignation générale, on poursuivit à coups de pied dans tout le préau le pauvre Demesmay, qui pleurait à chaudes larmes. J'allai le consoler dans sa chambre. Peu de temps après, nous dûmes quitter Londres, j'embrassai Demesmay, promettant de lui écrire toujours. Dernièrement, je l'ai revu à Paris, il était vêtu de noir, car il venait de perdre son père qu'il aimait tendrement.

***

Quelques jours après, nous retournions à Paris. Nous étions à la veille de partir au Chili. Déjà on faisait les préparatifs de voyage, lorsqu'il fut décidé que nous irions aux bains, à Arcachon, avant de nous embarquer. Nous restâmes là quelques jours. Mademoiselle Baudonnat vint nous voir, et nous fîmes avec elle quelques excursions. Nous allions dans une voiture traînée par un âne.

Je me rappelle le séjour à Arcachon, comme un des plus agréables de ma vie. Nous étions logés dans un très bon hôtel, et tous les soirs nous allions au concert ou au théâtre. Mais le bateau *Galicia* allait partir. Nous allâmes à Bordeaux, nous vîmes son magnifique théâtre, où on donnait en représentation les *Fils du capitaine Grant*, pièce qui nous amusa beaucoup.

Mademoiselle Baudonnat m'embrassa fort et m'engagea à lui écrire toujours.

Je connus le charme des voyages sur mer! je fus affreusement malade! Je fus très content de débarquer à terre, à Lisbonne, et de pouvoir manger un beefsteak bien nutritif.

Nous allâmes voir notre chère tante Marguerite, sœur de mon père, qui se montra pour nous extrêmement aimable. Elle nous fit de nombreux cadeaux, notamment des caisses de fruits sucrés de toutes sortes. Mon cousin aussi vint à notre rencontre; petit de taille, de figure agréable, il s'est marié avec sa cousine qui est aussi la mienne.

Dans la traversée, nous mangions sans cesse les sucreries données, qui durèrent jusqu'à Valparaiso. Nous étions aidés dans cette besogne par une dame très forte, Mme Alvarez, personne pleine d'esprit, du reste, qu'on appelait à bord *the fat lady*.

Beaucoup de Chiliens se rendaient dans leur pays, et le bateau se trouvait très animé. Le 18 septembre, on fêta à bord l'anniversaire de l'indépendance chilienne. Mon oncle Ruperto prononça, ce jour-là, un discours. Nous avions hâte d'arriver, surtout maman, absente de son pays depuis plus de dix ans.

Dans notre route, nous vîmes Rio-de-Janeiro et Montevideo. Ces villes nous plurent beaucoup, bien que notre admiration ait été dépensée à Paris. La beauté du site romanesque et exotique de Rio ne laisse personne de sang-froid, et le jardin de Botafoco arrache des cris involontaires d'admiration. Montevideo est très agréable, surtout par sa promenade du Moulin.

J'écrivais tous les jours à bord. Je traduisis deux actes en français du *Clavigo* de Gœthe, et j'écrivais mon journal tous les jours. Heureusement, je n'eus plus le mal de mer, sauf un peu au sortir du détroit de Magellan, où la mer est très houleuse. Ce détroit est une des merveilles de la création; des chutes d'eau, des glaciers, des forêts, une mer qui parait un lac, des rivages sinueux qui affectent mille formes capricieuses, tels sont les paysages de cette Suisse chilienne.

Après avoir essuyé une tempête sérieuse, nous approchions de Coronel; là, tous les Chiliens étaient fous de joie; mon oncle Xaxier, en effet, venait d'apporter la nouvelle qu'on avait capturé le vaisseau péruvien le *Huascar*, lequel nous avait causé beaucoup de pertes. C'était la fin de la guerre maritime, et elle avait tourné à l'avantage des Chiliens.

A Coronel, nous vimes un membre de notre famille, un de mes oncles, ministre et juge suprême à Santiago. Il embrassa maman en disant : « Il me semble que c'est un songe de te revoir ! » Trois jours après nous étions à Valparaiso.

TABLE DES MATIÈRES

VERSAILLES, IMPRIMERIES CERF, 59, RUE DUPLESSIS.

www.ingramcontent.com/pod-product-compliance
Lightning Source LLC
LaVergne TN
LVHW020256230826
846091LV00006B/2446

* 9 7 8 2 0 1 1 7 7 1 5 7 5 *